Calimots

CP

Manuel de code

Autrices :

Sandrine Lenoble
enseignante, maitre formatrice

Karine Paccard
conseillère pédagogique

Adeline Pesic
conseillère pédagogique

Illustrateur :

Grégoire Mabire

RETZ
editions-retz.com

Remerciements

Les auteurs remercient tous les enseignants qui ont participé aux expérimentations dans les classes pendant quatre ans et les 300 élèves qui ont testé cette méthode : l'école Jean Jaurès à Chambéry, les écoles de Méry, de Tresserve, d'Aix-les-Bains et l'école Jules Ferry à Montfermeil.

Nous tenons aussi à remercier Régine Priqueler, graphothérapeute titulaire d'un DU neuropsychologie, éducation et pédagogie, qui nous a éclairées sur les difficultés rencontrées par les élèves dans leur geste d'écriture, ainsi que Frédérique Segaud, kinesithérapeute, qui nous a conseillées dans les exercices d'échauffement du geste d'écriture.

Nous remercions également tous les auteurs de référence dont les travaux nous ont inspirées et aiguillées dans la réalisation de cet ouvrage : Alain Bentolila, Maryse Bianco, Dominique Bucheton, Sylvie Cèbe, Micheline Cellier, Stanislas Dehaene, Danièle Dumont, Jean Ecalle, Jocelyne Giasson, Roland Goigoux, Marie-Laure Kaiser, Lizanne Lafontaine, André Ouzoulias, Marie-Thérèse Zerbato-Poudou…

Enfin merci à nos familles pour leur soutien inébranlable pendant ce projet d'envergure et à l'équipe des éditions RETZ qui a cru en nous.

ISBN : 978-2-7256-3606-1

Direction éditoriale : Sylvie Cuchin et Céline Lorcher
Édition : Adeline Guérin-Grimouille
Corrections : Florence Richard
Création maquette : Hélène Loirat
Mise en page : Hélène Loirat
Police cursive SG Normalize two, © 4 heures

Cet ouvrage suit l'orthographe recommandée par les rectifications de 1990 et les programmes scolaires.

L'égalité entre les femmes et les hommes est notre préoccupation : le manuel a été relu par la chargée de mission Éducation du centre Hubertine Auclert ; un compte rendu de son analyse est disponible sur le site des Éditions Retz, rubrique « Calimots ».

Avant-propos pour les parents

Apprendre à lire ! Quelle grande aventure pour votre enfant, passionnante et exigeante à la fois.
Pour le guider sur ce chemin, l'enseignante ou l'enseignant de votre enfant a choisi **Calimots**, une méthode d'apprentissage de lecture et d'écriture. Sa conception s'appuie sur la **pratique de classe**, les **préconisations de la recherche** et celles du ministère de l'Éducation nationale.

Cette méthode, qui réunit **tous les domaines du français** à enseigner au CP, est composée de plusieurs outils complémentaires :

- **Un manuel de code** qui permet de travailler la dimension technique de cet apprentissage, notamment l'enseignement systématique des relations entre lettres et sons et leur combinaison pour former des syllabes, puis des mots.
- **Un manuel de lecture** pour découvrir différents types de textes, en comprendre le sens et la spécificité. En début d'année, la lecture est assurée par l'enseignant puis, de manière très progressive, par l'enfant lui-même. Dans ce manuel de lecture, vous trouverez, en bas de page, des conseils pour vous aider à mieux accompagner votre enfant, ainsi qu'un flashcode pour accéder directement et sans identification à l'enregistrement audio des textes.
- **Un mémo des mots**, répertoire individuel et thématique, pour aider votre enfant à acquérir du vocabulaire et à rédiger des phrases puis des petits textes.
- **Deux cahiers d'exercices** individuels dans lesquels votre enfant va réaliser des activités structurées et progressives.
- **Un cahier d'écriture** individuel grâce auquel votre enfant va apprendre à former correctement les lettres, à copier des phrases puis des petits textes, en ajustant son geste graphique.

La méthode **Calimots** s'appuie aussi sur un guide pédagogique destiné à l'enseignant pour la mise œuvre en classe. Les livres que vous avez en main ne sont qu'une partie du dispositif qui va conduire votre enfant à la conquête de la lecture.

Nous vous conseillons de ne pas anticiper les apprentissages mais d'accompagner votre enfant dans ses découvertes et ses progrès, en les valorisant, pour que cette entrée dans la lecture et l'écriture soit un **plaisir partagé**.

Programmation

	Décoder	Mots outils	Page	Lire et comprendre
Unité 1				
Pour démarrer...	C'est parti pour la lecture !		11	**Les consignes** • Comprendre et exécuter les consignes du manuel
S1	a o	à là	12 13	**La rentrée de Léa** *[récit]* • Adopter une posture d'écoute
S2	é i / y	est un / une	14 15	**Le matériel d'école d'hier et d'aujourd'hui** *[doc]* • Établir le lien entre image et texte
S3	u e	il y a elle	16 17	**L'école de grand-mamie** *[récit]* • Apprendre à se construire une image mentale
S4	l r	sur et	18 19	**Les crayons** *[poésie]* • Repérer les rimes
S5	révision f	 dans	20 21	**Élie aime les voyages** *[poésie]* • Se construire son cinéma intérieur
S6	m ou	avec c'est	22 23	**Jour de piscine !** *[roman]* • Prélever les informations essentielles du texte
S7	CVC révision	les / des	24 25	**Mise en réseau** *[roman]* • Repérer le thème étudié dans un corpus de textes • Commencer à catégoriser les différents types d'écrits
Unité 2				
S1	v ch	en / son de / chez	26 27	**Le magasin de Justin** *[récit]* • Remplir les blancs du texte • Étudier les pensées des personnages
S2	j s / ss	 mais	28 29	**Le lièvre et le hérisson** *[fable]* • Comprendre les dialogues par la mise en scène • Étudier les pensées des personnages
S3	n p	trop mon	30 31	**Le lièvre et le hérisson** *[fable]* • Repérer la chronologie des évènements **Vivants ou non vivants ?** *[doc]* • Établir un lien entre sous-titres et paragraphes
S4	t révision	non	32 33	**Mon chat le plus bête du monde** *[album]* • Émettre des hypothèses à partir des illustrations • Créer du lien entre texte et illustrations
S5	b on / om	bien ce	34 35	**Mon chat le plus bête du monde** *[album ; lettre]* • Comprendre une lettre en s'appuyant sur sa structure • Comprendre les inférences du texte
S6	c / k q / qu	très	36 37	**Le lièvre et la tortue** *[fable]* • Comprendre la chronologie des évènements grâce au dessin • Comprendre les dialogues par la mise en scène
S7	au / eau révision	rien	38 39	**Le lièvre et la tortue** *[fable]* • Comprendre la morale d'une fable **Mise en réseau** • Catégoriser les textes en fonction de leur type
Unité 3				
S1	z / s d		40 41	**L'arbre** *[poésie]* • Repérer la structure répétitive d'une poésie **Le plan de Paris** *[plan]* • Lire un plan et comprendre des liens hypertextes
S2	an / am en / em	quelle ces	42 43	**Incroyable tour Eiffel !** *[doc]* • Repérer tous les indices pour bien comprendre **Emma à New York** *[album]* • Repérer les personnages et les lieux
S3	fl / bl... fr / br...		44 45	**Emma à New York** *[album]* • Repérer les indices pour construire son cinéma intérieur • Faire le lien entre les indices du texte et des illustrations

Enrichir son lexique	Rédiger	Écrire / copier Geste d'écriture	Copie	S'exprimer à l'oral
Enrichir le champ lexical des sentiments à l'aide d'un album : *Aujourd'hui, je suis*		Évaluation diagnostique		Débat : rôle de la lecture Débat : rôle de l'écriture
Comprendre et mémoriser des mots nouveaux : *La rentrée de Léa*	à partir d'un lexique	a o		Évaluation diagnostique : prise de parole
Enrichir le champ lexical de l'école à partir de photographies : L'école autrefois et maintenant	à partir d'un lexique	e l i		Adopter une attitude critique
Comprendre et mémoriser des mots nouveaux : *L'école de grand-mamie*	une liste	u t		Contrôler le volume
Rebrasser les mots appris : La boite à mots	une liste	c d		Articuler et apprendre une poésie
Comprendre et mémoriser des mots nouveaux : *Élie aime les voyages*	une phrase	révision s		Articuler et contrôler le débit
Enrichir son champ lexical à l'aide du mémo des mots : La piscine	une phrase	m n		Ajuster le ton
Rebrasser les mots appris : La boite à mots	une phrase	p r		Distinguer débit et volume
Comprendre et mémoriser des mots nouveaux : *Le magasin de Justin*	un "zoosyllabes"	v w		Évaluation diagnostique : Décrire un personnage
Comprendre et mémoriser des mots nouveaux : *Le lièvre et le hérisson*	à partir d'une image	j y		Adopter un regard critique
Enrichir le champ lexical sur les animaux à partir d'un schéma	à partir de trois colonnes de mots	g q		Organiser sa description, développer le lexique
Enrichir ses connaissances du monde grâce à une vidéo : le chat	la description d'un animal	x révision		Écouter et repérer les informations importantes
Comprendre et mémoriser des mots nouveaux : *Mon chat le plus bête du monde*	à partir d'une illustration	b h		Mémoriser sa présentation
Comprendre et mémoriser des mots nouveaux : *Le lièvre et la tortue*	à partir d'images séquentielles	k f		Améliorer la construction syntaxique et les enchainements
Mémoriser des mots nouveaux : La boite à mots	à partir d'images séquentielles	z révision		Tâche finale : Décrire un personnage
Développer son lexique à l'aide d'une corole : À la ville ou à la campagne ?	la description de son lieu d'habitation	• Évaluation • Les lettres qui montent au 1er interligne	Pourquoi copier ?	Développer des stratégies d'écoute
Comprendre et mémoriser des mots nouveaux : *Emma à New York*	une poésie	Lettres jusqu'au 3e interligne	• Évaluation • Transcrire des lettres scriptes	Utiliser des stratégies d'écoute
Comprendre et mémoriser des mots nouveaux : *Emma à New York*	une devinette	Lettres qui montent au 2e interligne	Transcrire des mots outils très courts	Organiser sa présentation

Enrichir son lexique	Rédiger	Écrire / copier Geste d'écriture	Écrire / copier Copie	S'exprimer à l'oral
Enrichir son champ lexical à l'aide du mémo des mots : Les voyages	la description d'un monument	Lettres qui descendent au 2e interligne	Transcrire des mots outils courts	Mémoriser sa présentation
Mémoriser des mots nouveaux : La boite à mots	une carte postale	Lettre qui monte au 3e interligne et descend au 2e	Flash : transcrire des mots outils	Garder le contact visuel
Comprendre et mémoriser des mots nouveaux : *Quelle vie !*	pour compléter une histoire	Reprise des lettres complexes	Copie clavier : texte en majuscules et texte en minuscules	Développer sa gestuelle
Mémoriser des mots nouveaux : La boite à mots	pour reconstituer une histoire	Lettres formées avec une boucle	Transcrire des mots courts avec particularité	Tâche finale : Présenter et écouter en respectant les critères définis
Comprendre et mémoriser des mots nouveaux : *Une histoire de prince et de princesse*	pour amplifier une phrase	Évaluation	Transcrire des mots avec particularité	Comprendre ce qu'est une discussion
Enrichir son champ lexical à partir de peintures : Le Moyen Âge	un dialogue	b et liaisons complexes		Produire des idées
Comprendre et mémoriser des mots nouveaux : *Péronnille la chevalière*	une pièce de théâtre		Flash : transcrire un mot court avec particularité	Donner son point de vue
Enrichir son vocabulaire à l'aide d'une corole : Décrire un personnage	un portrait	Lettres avec un pic et liaisons complexes		Reformuler un argument
Enrichir son vocabulaire : Les métiers	un résumé (collectif)	Lettres rondes et liaisons complexes	Copier un code secret	Évaluer la pertinence d'un propos
• Comprendre et mémoriser des mots nouveaux : Les jouets • Comprendre des expressions au sens figuré	pour répondre par une phrase		Flash : transcrire un mot avec particularité	Préparer un débat
Mémoriser des mots nouveaux : La boite à mots	pour donner son point de vue	Lettres avec pont et liaisons complexes		Tâche finale : Débattre
Enrichir son vocabulaire à l'aide d'une corole : Les univers fantastiques	une BD		Flash : transcrire deux mots	Préparer l'oralisation d'un texte de théâtre
Comprendre et mémoriser des mots nouveaux : *Le Petit Chaperon rouge*	une BD	Lettres qui descendent droit et liaisons complexes		Mémoriser son texte
Enrichir son champ lexical à l'aide d'une corole : La recette de cuisine	une affiche		Évaluation	Ajuster sa voix
Comprendre et mémoriser des mots nouveaux : *Une soupe 100% sorcière*	une recette de cuisine	Lettres avec jambage et liaisons complexes		Ajuster son expression corporelle
Comprendre et mémoriser des mots nouveaux : *Une soupe 100% sorcière*	pour ajouter un nouveau personnage		Flash : transcrire mots et ponctuation	Marquer des silences et respirer
Comprendre et mémoriser des mots nouveaux : *Une soupe 100% sorcière*	pour ajouter un nouveau personnage	Lettres à enroulé et liaisons complexes		Jouer en interaction
Mémoriser des mots nouveaux : La boite à mots	un conte (collectif)	Évolution de l'écriture : rapidité et lisibilité	Évolution de l'écriture : rapidité et lisibilité	Tâche finale : Jouer une pièce de théâtre

Un manuel pour favoriser l'autonomie dans

Les **activités** proposées dans ce manuel sont **régulières et progressives** au cours de l'année.

Entrée par le graphème selon un code couleur : orange pour les voyelles, bleu pour les consonnes et vert pour les graphèmes complexes.

É é *É é*

une étoile
une étoile

Discrimination de la lettre parmi d'autres et prononciation du son associé.

Je dis le son des lettres.

a o é A é É o O é É a é

En début d'année, pour les sons voyelles, exercice de **phonologie** dans la continuité des pratiques de GS.

Je montre la syllabe où j'entends (é).

Lecture de petits mots en début d'année, en lien avec l'histoire, compte tenu du faible corpus de mots que l'enfant peut lire.

Je lis des petits mots.

Hé ! • ohé ! • Ah ? • Hé ? • hé ! hé ! • Oh là là !

Je lis de courtes phrases.

Mots outils
à - là - **est**

14

Petite histoire entièrement **décodable** par l'élève, sous forme de BD en début d'année, puis de texte court.

l'identification des mots et des phrases

Des pictos évolutifs associés aux consignes symbolisent la tâche que l'élève doit accomplir.

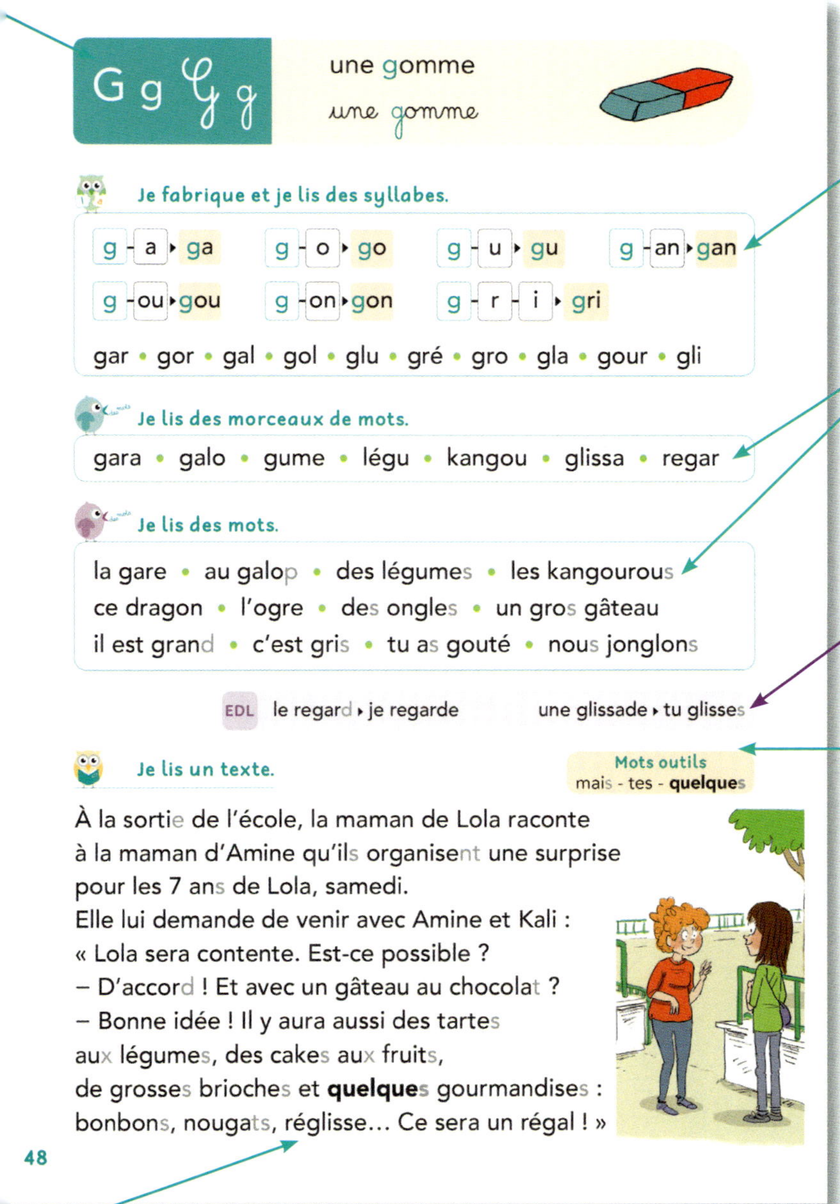

G g *G g* — une gomme — *une gomme*

Je fabrique et je lis des syllabes.

g - a ▸ ga   g - o ▸ go   g - u ▸ gu   g - an ▸ gan
g - ou ▸ gou   g - on ▸ gon   g - r - i ▸ gri

gar • gor • gal • gol • glu • gré • gro • gla • gour • gli

Je lis des morceaux de mots.

gara • galo • gume • légu • kangou • glissa • regar

Je lis des mots.

la gare • au galop • des légumes • les kangourous
ce dragon • l'ogre • des ongles • un gros gâteau
il est grand • c'est gris • tu as gouté • nous jonglons

EDL le regard ▸ je regarde   une glissade ▸ tu glisses

Je lis un texte.

Mots outils
mais - tes - **quelques**

À la sortie de l'école, la maman de Lola raconte à la maman d'Amine qu'ils organisent une surprise pour les 7 ans de Lola, samedi.
Elle lui demande de venir avec Amine et Kali :
« Lola sera contente. Est-ce possible ?
– D'accord ! Et avec un gâteau au chocolat ?
– Bonne idée ! Il y aura aussi des tartes aux légumes, des cakes aux fruits, de grosses brioches et **quelques** gourmandises : bonbons, nougats, réglisse… Ce sera un régal ! »

48

Travail sur la **combinatoire** pour favoriser l'automatisation du décodage.

Réinvestissement du travail sur les **syllabes** pour lire des **morceaux de mots** puis des **mots**.

De manière progressive, introduction de certaines notions en **étude de la langue (EDL)**.

Mots outils enseignés explicitement, repris dans le texte et révisés régulièrement.

Deux **révisions** par unité : une au milieu et une à la fin de la période.

Bienvenue au CP !

Tu vas commencer une belle aventure : apprendre à **lire**, à **comprendre** ce que tu lis et à **écrire**.

En grande section, tu as déjà joué avec les lettres, les sons, les mots et tu as découvert le monde merveilleux des histoires qu'on t'a souvent lues ou racontées.

Cette année, **grâce à ce manuel** pour apprendre à lire, tu vas :

- dire le son des lettres
- fabriquer et lire des syllabes
- lire des mots
- lire de courtes phrases, puis des histoires
- observer des particularités
- étudier le fonctionnement de la langue française

Tu rencontreras Amine, Kali et Lola, trois personnages sympathiques qui t'accompagneront sur le chemin de la lecture.

Amine Kali Lola

Grâce à ton manuel de lecture, tu vas aussi apprendre à comprendre différents textes qu'on te lira en début d'année, puis que tu pourras lire tout seul.

Nous te souhaitons de belles découvertes !

Les auteures

C'est parti pour la lecture !

▶ **Je nomme les couleurs dans le sens de la lecture.**

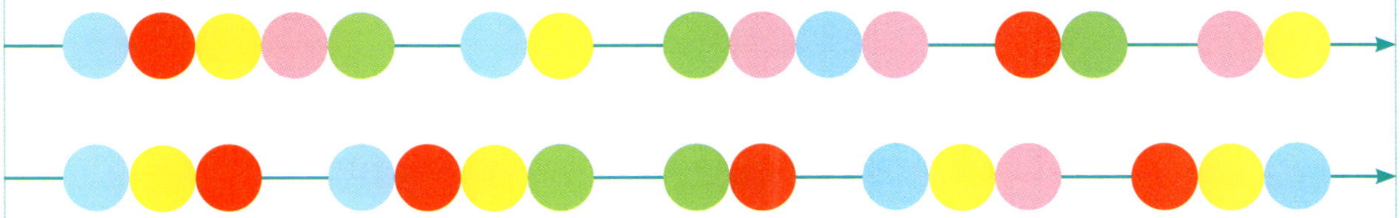

▶ **Je connais le nom des lettres de l'alphabet.**

A B C D E F G H I J K L M N O P Q R S T U V W X Y Z

a b c d e f g h i j k l m n o p q r s t u v w x y z

Il y a 26 lettres dans l'alphabet : 6 voyelles (a e i o u y) et 20 consonnes.

▶ **Je sais trouver le nombre de syllabes d'un mot.**

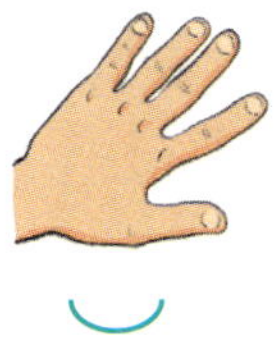

▶ **Je montre les mots séparés par des espaces.**

C'est la rentrée des classes !

Je vais apprendre à lire.

A a 𝒜 a

un ananas

un ananas

Je dis le son de la lettre.

a A a a A a a A a a A a

Je montre la syllabe où j'entends (a).

Je lis des petits mots.

ha ? • Ah ! • à • ah ! • Ha ! ha !

Je lis de courtes phrases.

Mots outils
à

O o O o

un robot
un robot

Je dis le son des lettres.

o o a A a O o A a o a O

Je montre la syllabe où j'entends o.

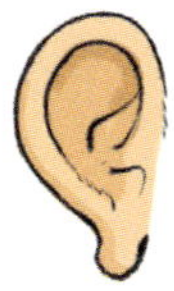

Je lis des petits mots.

Ho ? • Oh ! • Ah ! • à • oh ! oh ! • Ha ! ha !

Je lis de courtes phrases.

Mots outils
à - **là**

É é É é

une étoile
une étoile

Je dis le son des lettres.

a o é A é É o O é É a é

Je montre la syllabe où j'entends é.

Je lis des petits mots.

Hé ! • ohé ! • Ah ? • Hé ? • hé ! hé ! • Oh là là !

Je lis de courtes phrases.

Mots outils
à - là - **est**

I i I i

une ile
une ile

Y y Y y

un stylo
un stylo

Je dis le son des lettres.

i a y É i A é O y o I Y

Je montre la syllabe où j'entends (i).

Je lis des petits mots.

Hi ! • Ha ! ha ! • ho ! • ha ? • Hé ! • hi ! hi !

Je lis de courtes phrases.

Mots outils
est - **un** - **une**

U u U u

la lune

la lune

Je dis le son des lettres.

u o é l U i É y A u i é O

Je montre la syllabe où j'entends u.

Je lis des petits mots.

Hue ! • Ha ! • ho ! • Ah ? • Ohé ! • hi ! hi ! • hé !

Je lis de courtes phrases.

Mots outils
un - une - **il y a**

E e E e

un cheval

un cheval

Je dis le son des lettres.

e u i É e Y u é o e a U E

Je montre la syllabe où j'entends e.

Je lis des petits mots.

ah ! • Hue ! • hi ! • Ha ? • Ohé ! • hé ! • Eh !

Je lis de courtes phrases.

Mots outils
il y a - à - **elle**

L l *L l*

un lit
un lit

Je dis le son des lettres.

l o *e* l y U *l* L *y* A é i l E

Je fabrique et je lis des syllabes.

l - a ▸ la   l - o ▸ lo   l - i ▸ li   l - u ▸ lu

l - é ▸ lé   l - e ▸ le   l - y ▸ ly

a - l ▸ al   o - l ▸ ol   i - l ▸ il   u - l ▸ ul

lé • ly • lu • la • li • lo • le   il • al • ul

Je lis des syllabes et des mots.

la ▸ lilas   li ▸ lit   lé ▸ Léo   al ▸ allo

Lola • Lila • Léa • Lio • Ali • Élie • il lit

Je lis des phrases.

Mots outils
elle - là - **sur**

R r R r

un rat

un rat

Je dis le son des lettres.

i r y U r L a o e i u Y l R

Je fabrique et je lis des syllabes.

r - a ▸ ra   r - o ▸ ro   r - i ▸ ri   r - u ▸ ru

r - é ▸ ré   r - e ▸ re   r - y ▸ ry

a - r ▸ ar   o - r ▸ or   i - r ▸ ir   u - r ▸ ur

ré • ry • ru • ra • ri • ro • re   ir • ar • ur

Je lis des syllabes et des mots.

ra ▸ rat   ru ▸ rue   ri ▸ riz   ur ▸ hurle

un ara • Lorie • rare • rire • il rit • elle ira

Je lis des phrases.

Mots outils
est - sur - **et**

Et Kali, lui, rit.

Révision

Je relis les mots outils.
à - là - est - un - une - il y a - elle - sur - et

▶ Je nomme les lettres et je dis leur son.

a O e i y u l R i A r é l Y

▶ Je montre la syllabe où j'entends o, é, i, l, r.

▶ Je fabrique et je lis des syllabes.

l - a ▸ la   r - a ▸ ra   a - r ▸ ar   o - r ▸ or

la • ra • li • ri • lo • ro • le • re
lu • ru • lé • ré • ly • ry
al • ar • il • ir • ol • or • ul • ur

▶ Je lis chaque mot et je trouve le dessin qui correspond.

Lola
le riz
rire
allo

une allée
une ile
la rue
le lilas

F f F f

une fusée

une fusée

Je dis le son des lettres.

f r e y a O i L f i F e u l

Je fabrique et je lis des syllabes.

f - a ▸ fa   f - o ▸ fo   f - i ▸ fi   f - u ▸ fu

f - é ▸ fé   f - e ▸ fe   a - f ▸ af   o - f ▸ of

fo • fé • fa • fi • fu • fe   af • if • of

Je lis des syllabes et des mots.

fa ▸ rafale   fi ▸ filé   fo ▸ folie   fé ▸ fée

fu ▸ raffut   af ▸ affolé

une furie • il file • elle fit • elle est folle • il est affolé

Je lis des phrases.

Mots outils
et - est - **dans**

Il y a une rafale **dans** la rue. Lola rit et Kali est affolé.

Mm Mm

une rame

une rame

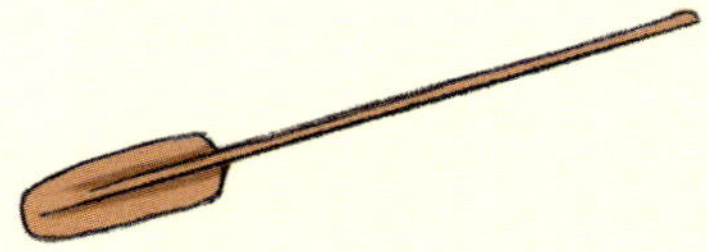

Je dis le son des lettres.

a m i E y U r L m F é M O

Je fabrique et je lis des syllabes.

m - a ▸ ma m - o ▸ mo m - i ▸ mi m - e ▸ me

m - u ▸ mu m - é ▸ mé m - y ▸ my

ma • mo • mé • mi • mu • my • me

Je lis des syllabes et des mots.

ma ▸ mare mi ▸ mamie mo ▸ mot

mé ▸ fumée mu ▸ mule me ▸ homme

une lame • la rime • un ami • ému • elle mime

Je lis des phrases.

Mots outils
elle - dans - **avec**

ou ou

un ours
un ours

Je dis le son des lettres.

a ou Y e i m l R f m ou o u M

Je fabrique et je lis des syllabes.

l - ou ▸ lou   r - ou ▸ rou   f - ou ▸ fou   m - ou ▸ mou

ou - l ▸ oul   ou - r ▸ our   ou - f ▸ ouf   ou - m ▸ oum

fou • rou • lou • mou   ouf • our • oul

Je lis des syllabes et des mots.

fou ▸ fou   mou ▸ moule   lou ▸ loup

une roue • la foule • une moule • Louis • mou

roux • hourra • ouf • il roula • elle a roulé

Je lis des phrases.

Mots outils
sur - avec - **c'est**

Les syllabes : consonne – voyelle – consonne

le fil

le fil

Je fabrique et je lis des syllabes avec 3 sons.

l - o - r ▸ lor   m - u - r ▸ mur   f - ou - r ▸ four

f - o - r ▸ for   m - a - r ▸ mar   l - ou - r ▸ lour

lar • lir • lour • far • for • fir • fur • rar • rir

raf • fil • foul • four • mur • mour • mar • mor

Je lis des syllabes et des mots.

fil ▸ fil   lour ▸ lourd   lar ▸ lard   for ▸ fort

far ▸ far   four ▸ four   mur ▸ mur   lor ▸ alors

un foulard • une larme • une forme • une fourmi

l'amour • fuir • c'est lourd • il est fort • elle filme

Je lis des phrases.

Mots outils
c'est - **les** - **des**

- La fée fila dans **les** lilas.

- Sur le mur, il y a un rat.
  Mamie hurle : elle est affolée.

- C'est le foulard de Léa.

- **Des** loups hurlent fort.

Révision

▶ Je montre la syllabe où j'entends (u), (m), (f), (ou), (é).

▶ Je fabrique et je lis des syllabes.

f - i ▸ fi   i - f ▸ if   f - i - l ▸ fil

fa • ra • ma • la • fé • ro • mu • le • ar • ir
fou • rou • mou • lou • mar • lar • far • rar
fol • for • fir • mur • mor • mir • four • foul

▶ Je lis un texte court.

Le loup de Léo

Léo a un loup.
C'est Loulou !
Le loup est roux.
Il est là dans le lit.
Il est fou fou ! Léo rit.

Je relis les mots outils.
à - là - est - un - une - il y a - elle - sur - et - dans - avec - c'est - les - des

V v 𝒱 𝓋

une voiture

une voiture

Je dis le son des lettres.

u v y v r y A V u Y v u o y u m

Je fabrique et je lis des syllabes.

v - a ▸ va   v - é ▸ vé   v - u ▸ vu   v - ou ▸ vou

a - v ▸ av   é - v ▸ év   v - i - l ▸ vil

ve • vo • vi • vou   iv • av • ov   val • vol • vif

Je lis des syllabes et des mots.

ve ▸ louve   vé ▸ vélo   va ▸ Valérie   vo ▸ favori

vu ▸ vue   vou ▸ vous   vil ▸ ville   val ▸ vallée

des olives • la vie • un vol • les revues • il lave

il va • elle vit • il arrive • il a voulu • elle a volé

Je lis un texte court.

Mots outils
les - des - **en** - **son**

Lola arrive **en** ville
à vélo, et Amine l'a vue.
Amine : « Ouah !
C'est le vélo VM8 !
Il est dans ma revue ! »
Kali : « C'est **son** vélo favori ! »

ch ch

un chapeau
un chapeau

Je dis le son des lettres.

l v ch F e ch V R m ou v y ch

Je fabrique et je lis des syllabes.

ch - o ▸ cho   ch - é ▸ ché   ch - a ▸ cha   ch - ou ▸ chou

o - ch ▸ och   é - ch ▸ éch   ch - a - r ▸ char

chi • che • chu   och • ach   chir • char • chal

Je lis des syllabes et des mots.

cha ▸ chat   che ▸ cheval   ché ▸ fâché   chu ▸ fichu

chou ▸ chou   char ▸ Charles   chi ▸ chiot

des ruches • une louche • une hache • un char

des choux • il louche • elle est hachée • il a léché

Je lis un texte court.

Mots outils
en - son - **chez** - **de**

Lola va **chez** Mamie à vélo.
Dans la rue, elle a vu
un chat roux. Il est chou !
Elle est charmée !
Elle l'a mis sur la fourche
de son vélo. Elle est ravie !

J j J j

une jupe

une jupe

Je dis le son des lettres.

l f i j y J f L j A ou L j R

Je fabrique et je lis des syllabes.

j - o ▸ jo j - a ▸ ja j - é ▸ jé j - u ▸ ju

é - j ▸ éj a - j ▸ aj j - a - r ▸ jar

je • ji • jo • jou uj • aj • oj • éj jar • jour

Je lis des syllabes et des mots.

jo ▸ joli ju ▸ jus jou ▸ joue jar ▸ jarre

le jury • les jours • un javelot • le Jura • Jérémy

Julie • jaloux • il a joué • je le jure • c'est joli

Je lis un texte court.

Chez Mamie, il y a Julie,
une amie de Lola.
Elle est jolie et joviale.
Lola et Julie jouent
avec le chat roux.
C'est le héros du jour !

Ss 𝒮s

un serpent
un serpent

un poisson
un poisson

Je dis le son des lettres.

e ch s J v E s é r ch S L s j

Je fabrique et je lis des syllabes.

s - o ▸ so   s - a ▸ sa   s - i ▸ si   s - ou ▸ sou

o - s ▸ os   a - s ▸ as   s - u - r ▸ sur

sé • se • su • sy   os • ous • is   sar • syl • sour

Je lis des syllabes et des mots.

(s) : assi • ossa • isse • ossu

sa ▸ salut   se ▸ valse   sé ▸ série   si ▸ sirop

so ▸ lasso   sou ▸ souris   os ▸ os   is ▸ issue

un ours • le sol • des sous • la mousse • la Suisse

Sylvie • elle est rousse • il est assis • elle a réussi

Je lis un texte court.

Mots outils
chez - de - **mais**

Kali et Amine arrivent
chez la Mamie de Lola.
Mais Kali a vu le chat.
Il chasse une souris en mousse.
Kali est jaloux.
Lola sourit et le rassure :
c'est lui son ami favori !

N n N n

une niche

une niche

Je dis le son des lettres.

m N u n u M s A m n f j v S

Je fabrique et je lis des syllabes.

n - o ▸ no   n - u ▸ nu   n - i ▸ ni   n - e ▸ ne

n - i - l ▸ nil   n - a - r ▸ nar   n - i - r ▸ nir

na • nu • ny • né • no   nul • nour • nal • nor

Je lis des syllabes et des mots.

na ▸ ananas   ne ▸ lune   né ▸ année   ni ▸ nid

no ▸ Noémie   nou ▸ nous   nu ▸ numéro

un âne • la journée • le journal • Nina • normal

fini • venir • revenir • il a sonné • c'est annulé

Je lis un texte court.

Mots outils
des - mais - **trop**

Ouf ! La journée est finie !
La nuit arrive et la lune luit.
Mamie a allumé la cheminée.
Elle lit le journal et
le chat roule sur le sol.
Mamie sourit :
« Il est **trop** chou ! »

P p 𝒫 𝓅

un parapluie

un parapluie

Je dis le son des lettres.

j p a O P R p y l j ch F L p

Je fabrique et je lis des syllabes.

p - o ▸ po   p - i ▸ pi   p - é ▸ pé   p - ou ▸ pou

o - p ▸ op   i - p ▸ ip   p - a - r ▸ par

pa • pe • py • pu   up • ép • ap   pour • pal

Je lis des syllabes et des mots.

pa ▸ part   pe ▸ peluche   pé ▸ épée   pi ▸ pie

po ▸ repos   pou ▸ poule   pu ▸ puma   py ▸ pyjama

un repas • une nappe • la purée • Paris • pâle

elle est polie • papi répare • je ne parle pas

Je lis un texte court.

Mots outils
avec - trop - **mon**

Lola a roulé sur une vis avec son vélo.
Elle pousse un soupir :
« Pff ! **Mon** vélo est fichu ! »
Mais son papa arrive, il la rassure
et il répare le vélo.
« Oui, il a réussi ! Il est fort **mon** papa !
C'est **mon** héros ! »

T t T t

une tortue

une tortue

Je dis le son des lettres.

r T i u t L t F h T p ch V S

Je fabrique et je lis des syllabes.

t - a ▸ ta   t - i ▸ ti   t - o ▸ to   t - u ▸ tu

a - t ▸ at   o - t ▸ ot   t - o - r ▸ tor

te • té • ty • tou   ut • ét • out   tour • tur • tar

Je lis des syllabes et des mots.

ta ▸ tapis   té ▸ pâté   te ▸ pâte   ti ▸ utile

tu ▸ tulipe   to ▸ moto   tou ▸ tout   tar ▸ tarte

une patte • une chatte • un vote • une tâche

tôt • tard • il a voté • elle est tachée • tu portes

Je lis un texte court.

Mots outils
son - mon - **non**

Kali lit mais il joue avec les mots,
alors Amine se fâche.
Kali : « La portue est tarpie sous le patis. »
Amine : « Oh **non** ! Tu lis mal ! C'est :
La tortue est partie sous le tapis. »
Kali : « Papi a ajoupé de la tomape dans la parpe. »
Amine : « Mais **non** ! Tatie a ajouté de la tomate
dans la tarte. »

Révision

Je relis les mots outils
en - son - chez - de - mais - trop - mon - non

▶ **Je dis le son des lettres.**

p v ch J T n s j n S P t V ch

▶ **Je lis des syllabes.**

no • py • vé • tou • ju • che • os • ap • is • at
assi • issu • pal • vol • sir • nal • jour • char

▶ **Je lis des mots.**

un tapis • le chat • des vélos • du jus • des poux
la mousse • la lune • des louves • une souris
petite • joli • sourd • vite • vous • nous • puis
elle apporte • je parle • tu touches • il a sonné

▶ **Je lis des phrases.**

- Valérie va vite avec son vélo.
  Vive Valérie !
- Jules affole le cheval de Sacha
  avec son lasso.
- Oh non ! Nina a taché son pull préféré.
- Le pyjama de papi a séché sur le fil.
- La tortue joue à la toupie sur le tapis.

B b 𝓑 𝒷

un bébé
un bébé

Je fabrique et je lis des syllabes.

b - a ▸ ba   b - i ▸ bi   b - o ▸ bo   b - é ▸ bé
a - b ▸ ab   o - b ▸ ob   b - a - r ▸ bar

be • bu • bou • by   éb • ib   bal • bor • but

Je lis des morceaux de mots.

aba • bafou • labour • bati • urba • sabo • moby

Je lis des syllabes et des mots.

ba ▸ bave   be ▸ robe   bo ▸ boa   bé ▸ obéir
bul ▸ bulle   bi ▸ habit   bar ▸ barbe   bou ▸ boule

le bal • la balle • une butte • un but • en bas
c'est bouché • elle a obéi • j'habite • tu baves

EDL une robe ▸ des robes

Je lis un texte court.

Mots outils
les - est - **bien**

Amine a apporté un robot. Il parle et il obéit.
Lola : « Il est petit ! Il parle ? »
Amine : « Oui, en plus, il est fort
et il pousse la balle ! Il est **bien** ! »
Lola : « Robot, tire fort dans le but ! »
Amine : « Oh ! Pile dans le but ! »

on	un pont	om	un pompier
on	un pont	om	un pompier

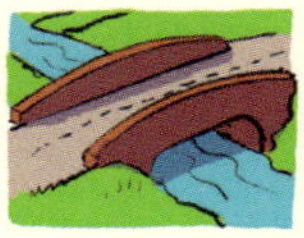

Je fabrique et je lis des syllabes.

r - on ▸ ron   m - on ▸ mon   p - on ▸ pon   s - on ▸ son

n - on ▸ non   v - on ▸ von   t - on ▸ ton   b - on ▸ bon

chon • fon • von • bon • jon • lon • non • ton • son

om - b ▸ une bombe   om - p ▸ une pompe

Je lis des morceaux de mots.

neton • beron • arron • méléon • épon • tombo

Je lis des syllabes et des mots.

ton ▸ chaton   von ▸ savon   lon ▸ talon   bon ▸ bonjour

chon ▸ bouchon   pom ▸ pompon   tom ▸ tombola

un long bâton • un savon rond • un bon melon

ils font • elles ont • nous avons • nous pouvons

Je lis un texte court.

Mots outils
trop - bien - ce

Tonton est venu avec son chaton.
Le chaton est monté sur le bord
du lavabo et il a joué avec le savon
tout rond.
Amine : « Oh non ! Tu l'as léché ?!
Mais **ce** n'est pas un bonbon ! »
Tonton : « **Ce** chaton est un petit polisson ! »

C c C c

un arc

un arc

K k K k

un karatéka

un karatéka

Je fabrique et je lis des syllabes.

c - a ▸ ca	c - u ▸ cu	c - o ▸ co	c - ou ▸ cou
a - c ▸ ac	o - c ▸ oc	k - é ▸ ké	k - a ▸ ka

ca • co • ka • ko • ke • cu • cou • ku • kou • ké • ki

Je lis des morceaux de mots.

choco • calé • carta • acco • koa • norak • kara

Je lis des syllabes et des mots.

ca ▸ canapé	cu ▸ cube	co ▸ colis	cou ▸ coupé
ka ▸ kaki	ko ▸ koala	ké ▸ képi	ki ▸ kimono

son sac • un pic • mon anorak • des kilos • calme

court • à côté • tu cours • tu skies • tu comptes

Je lis un texte court.

Mots outils
ce - c'est - **très**

Lola, Amine et Kali passent
une journée chez le tonton d'Amine.
Il y a une mare avec des canards.
Oh là là ! Kali s'est approché du nid
de la cane ; elle le chasse et le poursuit…
Kali court, mais il tombe et roule
dans la boue ! Tous rient **très** fort !

Q q 𝒬 𝓆

un coq
un coq

qu qu

un casque
un casque

Je fabrique et je lis des syllabes.

qu + i ▸ qui   qu + e ▸ que   qu + a ▸ qua

qu + o ▸ quo   qu + é ▸ qué

que • qua • quo • qui • qué   quar • quil

Je lis des morceaux de mots.

mique • foque • taque • laqué • pique • coqui

Je lis des syllabes et des mots.

que ▸ barque   qué ▸ moqué   qui ▸ équipe   quar ▸ quart

un coq • la coque • un piquenique • coquine

chaque • jusqu'à • je quitte • nous attaquons

Je lis un texte court.

Dans son sac kaki, l'oncle d'Amine
a mis le piquenique : un cake salé,
des tomates, des carottes râpées,
des compotes et des jus de pommes.
Ils sont tous affamés, surtout Kali.
Il s'est jeté sur sa part de cake
et l'a dévorée.
Qu'il est comique !

au	jaune	eau	un château
au	jaune	eau	un château

Je fabrique et je lis des syllabes.

p - au ▸ pau j - au ▸ jau ch - au ▸ chau m - eau ▸ meau

nau • seau • bau • veau • fau • teau • reau • lau

Je lis des morceaux de mots.

auto • auro • aucu • assu • piteau • lumeau • quereau

Je lis des syllabes et des mots.

jau ▸ jaune fau ▸ faute teau ▸ chapiteau

une auto • de l'eau • des chaussures • un château

beaucoup • nouveau • tu n'auras pas • tu sauteras

EDL un chapeau ▸ des chapeaux un cheval ▸ des chevaux

Je lis un texte court.

Mots outils
trop - très - **rien**

Lors d'une marche, Amine a sauté
au-dessus d'un ruisseau
et il est tombé dans l'eau.
Lola remarque :
« Oh ! Mon pauvre Amine !
Tu as de l'eau dans les chaussures ! »
Amine répond : « Ce n'est **rien** ! »
Kali se moque : « Et ton chapeau
est devenu un bateau ! »

Révision

Je relis les mots outils
en - son - chez - de - mais - trop
mon - non - bien - ce - très - rien

Je lis des syllabes.

ca • ko • bé • co • bou • qui • non • jau • ki
jon • cou • que • chau • ton • queau • peau

Je lis des mots.

la compote • la bouche • les bulles • l'équipe
la peau • le lac • un coq • des bonbons • le bas
des bateaux • des veaux • chaque • autre • haut
rond • nouveau • jusqu'à • là-bas • aussi • j'obéis
il répond • nous sautons • tu auras • elle quitte

Je lis des phrases.

As-tu vu ?

- As-tu vu un coq qui skie ?
- As-tu vu un koala qui a mis son kimono pour le cours de karaté ?
- As-tu vu un loup qui court partout avec un hibou ?
- As-tu vu un cheval à vélo qui lit une revue ?
- As-tu vu un taureau avec des chaussures à carreaux ?

Z z 𝒵 𝓏 | zéro zéro | 0 | S s 𝒮 𝓈 | une valise une valise

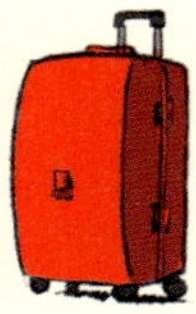

Je fabrique et je lis des syllabes.

z + o ▸ zo • z + é ▸ zé • z + i ▸ zi • z + ou ▸ zou

o + z ▸ oz • a + z ▸ az • z + a + r ▸ zar

ze • zu • za • zy • zon   az • onz   zip • zal • zap

(z) : asa • usu • ise • ase • yse • osé • osa

Je lis des morceaux de mots.

fise • suza • biza • louse • rose • lise • hési • visi

Je lis des mots.

le zoo • une poésie • le hasard • des bises • Suzanne
Élise • zéro • onze • ma valise usée • des vases roses
des lézards bizarres • elle n'ose pas • tu hésites • j'arrose

Je lis un texte.

Lola, Amine et Kali visitent le zoo
de Paris avec le papa d'Amine.
Ils s'amusent beaucoup.
Ils ont vu les beaux léopards,
le bison, les vautours et les otaries.
Nos amis continuent la visite,
mais Kali, lui, se repose sur la pelouse
puis il va… à la confiserie !

D d 𝒟 𝒹

le dos

le dos

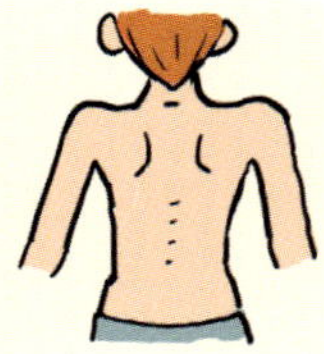

Je fabrique et je lis des syllabes.

d - i ▸ di • d - é ▸ dé • d - ou ▸ dou • d - on ▸ don

a - d ▸ ad • o - d ▸ od • d - o - r ▸ dor

do • da • du • dy • de • dau

dir • dal • dio • dar

Je lis des morceaux de mots.

idé • bidu • médi • radi • ado • dino • démo • douté

Je lis des mots.

la date • le début • la radio • les camarades • la douche

un renardeau • une dune • douze radis • déjà • depuis

dessus • dire • dormir • je dis • tu doutes • elle dort

EDL un ballon rond ▸ une balle ronde

Je lis un texte.

Lola a une idée pour finir la visite :
« Allons au musée des dinosaures !
Julie m'a dit qu'il y a un parcours.
Nous nous amuserons, c'est sûr ! »
Le papa d'Amine est d'accord,
mais Amine ne répond rien.
Il n'ose pas dire à Lola qu'il y est allé
avec l'école et qu'il a déjà les réponses !
Kali répond : « Oh oui ! J'adore les dinosaures ! »

an un volcan
an *un volcan*

am une ambulance
am *une ambulance*

Je fabrique et je lis des syllabes.

r - an ▸ ran	m - an ▸ man	p - an ▸ pan	d - an ▸ dan
n - an ▸ nan	v - an ▸ van	t - an ▸ tan	b - an ▸ ban

chan • san • han • can • lan • jan • quan • fan • zan

am - b ▸ un tambour   am - p ▸ une ampoule

Je lis des morceaux de mots.

panta • diman • mande • aman • quaran • tissan

Je lis des mots.

dimanche • le pantalon • un panda • ta jambe • sa lampe
des chansons • quarante • méchant • quand • devant
je demande • tu campes • nous chantons • ils rampent

Je lis un texte.

Mots outils
bien - rien - **quelle**

Dans le musée, Lola, Amine et Kali sont ravis. En suivant le parcours, ils font la chasse aux bonnes réponses sur les dinosaures volants, les tyrannosaures… Ils ont aussi vu des fossiles et des mammouths.
À l'issue de la visite, le papa d'Amine vérifie les réponses : « Tout est bon ! **Quelle** réussite ! »

en	une dent	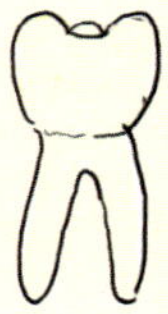	**em**	une empreinte	
en	*une dent*		*em*	*une empreinte*	

Je fabrique et je lis des syllabes.

r - en ▸ ren   m - en ▸ men   p - en ▸ pen   d - en ▸ den

s - en ▸ sen   v - en ▸ ven   t - en ▸ ten   l - en ▸ len

men • nen • hen • quen • fen • ten • pen • den • men

em - b ▸ emballé   em - p ▸ les remparts   em - m ▸ emmené

Je lis des morceaux de mots.

denti • enco • empor • senti • mement • ensem

Je lis des mots.

le vent • l'enfant • les parents • le dentiste • le temps
lent • absent • calmement • pendant • souvent • encore
ensemble • nous pensons • j'emporte • il vend • tu mens

Je lis un texte.

Mots outils
quelle - ce - **ces**

Pour sortir du zoo, on passe
par la boutique de souvenirs.
Lola, Amine et Kali ont envie de tout !
Alors, ils repartent avec un cadeau :
un beau livre sur les animaux pour Lola,
une tasse avec un lézard pour Amine
et un panda en peluche pour Kali.
Les enfants ont passé une très
bonne journée. Ils sont tellement
contents de toutes **ces** aventures !

fl / bl / pl / cl

une flute

une flute

Je fabrique et je lis des syllabes avec 3 sons.

f - l - a ▸ fla
b - l - e ▸ ble
p - l - i ▸ pli
c - l - é ▸ clé
p - l - u ▸ plu
c - l - ou ▸ clou

flu • bli • pla • cle • bleau • clo • ple • flé • plan • blou

Je lis des mots.

du flan • des flaques • une claque • des tableaux
la table • une cloche • ces flacons • un flocon • la pluie
horrible • flou • blanc • blanche • musclée • cloué
plutôt • elle est pliée • nous sommes blottis • j'oublie

EDL un plat • c'est plat • aplatir • il a aplati

Je lis des phrases.

- Dans la classe, Blandine pose son cartable à côté de sa table.
- Pablo a oublié son blouson sur son portemanteau.
- Au cours de musique, Clément joue de la flute.
- Plic, ploc ! Quelle pluie ! Maman ouvre son parapluie et Pauline saute dans les flaques.

fr / vr / dr / tr / cr / br

une fraise
une fraise

Je fabrique et je lis des syllabes avec 3 sons.

c - r - a ▸ cra   p - r - i ▸ pri   b - r - an ▸ bran

v - r - e ▸ vre   d - r - o ▸ dro   t - r - on ▸ tron

tré • fru • bre • cram • tren • dra • fri • vreau • pren

Je lis des mots.

mon livre • son drap • ton fruit • des arbres • les prix
la branche • le tronc • un trésor • un chevreau • trente
triste • drôle • préféré • trop • entre • contre • bravo
elle trie • nous ouvrons • je découvre • tu ne prends pas

EDL frisé ▸ défrisé   ordre ▸ désordre   cousu ▸ décousu

Je lis des phrases.

- Le livre préféré de Lia est trop drôle !
- Ambre prépare une chasse aux trésors dans le salon.
- Sur la branche de l'arbre, il y a des fruits mûrs appétissants.
- Les vaches broutent dans le pré, à côté du champ de blé.

b - d - p - q

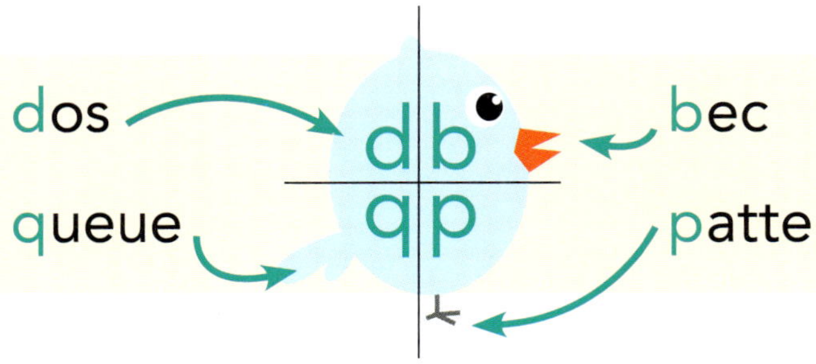

Je lis rapidement des syllabes.

ba • da • pa • bé • dé • qué • pan • dan • quan
bon • don • pon • quon • bou • pou • pu • bu • du
dri • bri • pri • pré • bré • dré • bla • pla • dra • bra
bar • dor • par • dur • pal • bol • dar • bul • dir

Je lis rapidement des mots.

par • bar	poule • boule	bras • drap
bouche • douche	banc • quand	bout • doux
douze • blouse	coude • coupe	puis • qui
balle • dalle	bidon • biberon	papi • pipe

EDL une poule blanche ▸ des poules blanches

Je lis des phrases.

Mots outils
très - ces - **tes**

- Le beau bébé dodu boit au biberon.
- Dans ce bazar, il y a ton dé, **tes** dominos et **tes** balles blanches.
- Papa est parti quand papi est arrivé.
- On a prévu une promenade en barque pour la journée.
- N'oublie pas le piquenique !

Révision

Je relis les mots outils
quelle - ces - tes

▶ Je lis des syllabes.

zan • dou • blo • fri • zo • dre • plan • pren • usu
flu • clé • bu • osa • qua • blon • cra • que • bra
clen • iso • cru • pan • zon • dio • can • fen • ase

▶ Je lis des mots proches.

zéro • Zorro	hasard • bazar	valise • balise
arbre • barbe	flocon • flacon	blond • blanc
basse • base	devant • dedans	bras • drap
blanche • branche	attendre • entendre	vise • visse

▶ Je lis un texte.

Dans ma valise, il y a des choses bizarres :
– quatorze lézards roses,
– douze dinosaures horribles et pénibles,
– un pauvre tambour sourd,
– une petite tente trouée,
– une flute enchantée,
– une drôle de loutre jaune.
Que c'est surprenant !

G g 𝒢 g

une gomme

une gomme

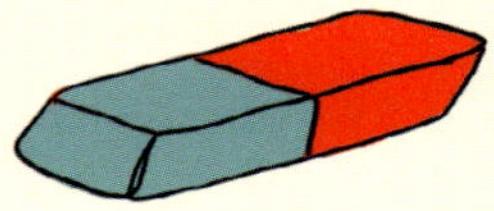

Je fabrique et je lis des syllabes.

g - a ▸ ga   g - o ▸ go   g - u ▸ gu   g - an ▸ gan

g - ou ▸ gou   g - on ▸ gon   g - r - i ▸ gri

gar • gor • gal • gol • glu • gré • gro • gla • gour • gli

Je lis des morceaux de mots.

gara • galo • gume • légu • kangou • glissa • regar

Je lis des mots.

la gare • au galop • des légumes • les kangourous

ce dragon • l'ogre • des ongles • un gros gâteau

il est grand • c'est gris • tu as gouté • nous jonglons

EDL le regard ▸ je regarde   une glissade ▸ tu glisses

Je lis un texte.

Mots outils
mais - tes - **quelques**

À la sortie de l'école, la maman de Lola raconte
à la maman d'Amine qu'ils organisent une surprise
pour les 7 ans de Lola, samedi.
Elle lui demande de venir avec Amine et Kali :
« Lola sera contente. Est-ce possible ?
– D'accord ! Et avec un gâteau au chocolat ?
– Bonne idée ! Il y aura aussi des tartes
aux légumes, des cakes aux fruits,
de grosses brioches et **quelques** gourmandises :
bonbons, nougats, réglisse… Ce sera un régal ! »

gu gu

une guitare

une guitare

Je fabrique et je lis des syllabes.

gu - e ▸ gue   gu - é ▸ gué   gu - i ▸ gui   gu - y ▸ guy

gue • gui • gué • guir • guil • guy • guen

Je lis des morceaux de mots.

logue • guita • dégui • tigué • rogue • guirlan • zagué

Je lis des mots.

ta langue • des vagues • des blagues • un catalogue
un guépard • le guide • ma bague • la guirlande
guérir • elle est guérie • tu guides • je suis fatigué

EDL un déguisement ▸ elles se déguisent   des zigzags ▸ ils zigzaguent

Je lis un texte.

Mots outils
quelle - quelques - **quel**

« Allo ?
– Bonjour, c'est Amine et Kali.
Nous sommes contents de venir samedi
pour les 7 ans de Lola.
Nous regardons un catalogue
de la boutique "La malle aux trésors"
car nous voulons lui offrir un beau cadeau.
Nous hésitons entre une poupée,
un déguisement de fée,
ou une belle guitare.
Quel est votre avis ? »

in	un lapin		**im**	un timbre	
in	*un lapin*		*im*	*un timbre*	

Je fabrique et je lis des syllabes.

r - in ▸ rin f - in ▸ fin p - in ▸ pin

d - in ▸ din v - in ▸ vin t - in ▸ tin

sin • zin • lin • min • nin • bin • quin • guin • clin • ins

im - b ▸ un timbre im - p ▸ important

Je lis des morceaux de mots.

invi • gasin • impor • impri • impa • chimpan • inven

Je lis des mots.

la fin • le coussin • le chemin • un matin • le moulin
un timbre • l'imprimerie • une impasse • un chimpanzé
juin • vingt • invisible • important • simple • enfin
j'invente • il grimpe • tu m'invites • nous imprimons

Je lis un texte.

Mots outils
chez - quel - **être**

Ce vendredi vingt-quatre juin, Amine va au magasin « La malle aux trésors », avec sa maman et Kali, pour le cadeau de Lola. Ils ont déjà regardé le catalogue et appelé la maman de Lola, mais impossible d'**être** d'accord !
Finalement, ils sont inspirés par des patins jaunes et un petit lapin en peluche.
Lola va **être** gâtée !

ain	une main	**ein**	de la peinture
ain	*une main*	*ein*	*une peinture*

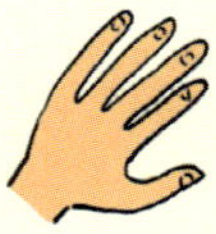

Je fabrique et je lis des syllabes.

n - ain ▸ nain p - ain ▸ pain d - ain ▸ dain

r - ein ▸ rein t - ein ▸ tein fr - ein ▸ frein

main • tain • vain • bain • grain • pein • fein • plein • prein

Je lis des morceaux de mots.

la faim • un daim

crivain • teintu • peintu • étein • mainte • emprein

Je lis des mots.

du pain • un train • un écrivain • un humain • un poulain
les freins • la peinture • la teinture • l'empreinte
demain • soudain • ainsi • maintenant • prochain
peindre • teindre • éteindre • se plaindre • craindre

Je lis un texte.

Mots outils
être - tes - **ses**

Le jour de **ses** 7 ans, Lola a une grande surprise :
ses copains arrivent chez elle en criant
avec entrain : « SURPRISE ! »
Elle est drôlement étonnée !
Son parrain aussi est là.
Maintenant qu'ils sont tous réunis,
ils lui offrent plein de cadeaux.
Quelle chance !
Kali, lui, attend : il a envie
d'une part de gâteau. Il a faim !

er marcher
er *marcher*

ez le nez
ez *le nez*

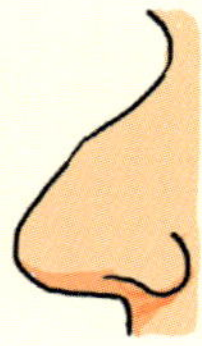

Je fabrique et je lis des syllabes.

d - er ▸ der t - er ▸ ter r - er ▸ rer

ch - ez ▸ chez s - ez ▸ sez v - ez ▸ vez

ler • mez • nez • per • bler • vez • rez • quer • guer

Je lis des morceaux de mots.

devi • viguer • peler • tourez • loriez • procher • vinez

Je lis des mots.

des rochers • le souper • le boucher • un gouter • le nez
assez • laver • appeler • tomber • naviguer • trembler
approcher • devinez • jouez • ramez • parlez • sortez

EDL aller ▸ vous allez entourer ▸ vous entourez

Je lis un texte.

Mots outils
tes - ses - **mes**

Lola raconte sa journée :

« Samedi 25 juin : jour de **mes** 7 ans.

Papa et maman ont invité **mes** copains et copines
pour le gouter. Nous nous sommes bien amusés !

Kali a été le plus fort au "Jacques a dit" : sautez ! courez !
levez une jambe ! Et parmi tous **mes** cadeaux, mon cadeau
préféré : les patins jaunes ! J'adore rouler et danser avec.
Cette journée sera inoubliable ! »

Révision

Je relis les mots outils
quelle - ces - tes - quelques - quel - être - ses - mes

Je lis des syllabes.

gan • gué • gou • guy • guin • gain • gle • gri • gau
flin • drain • plein • train • blin • grain • glin • crin

Je lis des mots proches.

gui • gué	tapis • taper	assis • assez
son • sang	brin • crin	long • lent
rond • rang	train • grain	casser • cacher
bain • pain	nain • main	inventer • inviter

Je lis un texte.

Comment devenir des amis inséparables ?

- Prenez un koala coquin qui taquine beaucoup.
- Ajoutez un copain malin qui rit tout le temps.
- N'oubliez pas une gamine amusante qui ose l'impossible !
- Emmenez-les à l'école, au parc, au zoo ou bien au musée.
- Ils trouveront toujours des choses pour s'amuser et rigoler !

Vous avez ainsi un trio d'amis inséparables !

è *è*

une flèche

une flèche

ê *ê*

la tête

la tête

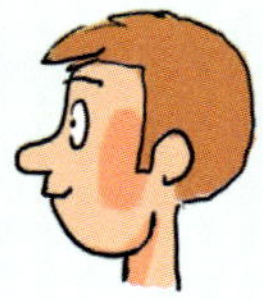

Je lis des syllabes.

vè • pè • sè • lè • fè • chè • mè • pè • frè • crè • prè

rê • vê • mê • fê • lê • pê • bê • prê • trê • chê • crê

Noël

Je lis des mots.

mon père • ma mère • mon frère • l'élève • l'après-midi

le lièvre • près • il se lève • la tête • la forêt • ses bêtes

même • être • rêver • arrêter • pêcher • je suis prête

la tempête • la rivière • la colère • des crêpes • sa chèvre

têtu • honnête • derrière • mêler • emmêler • vous prêtez

EDL la fête ▸ fêter le rêve ▸ rêver

Mots outils
quel - ce - **cet**

Je lis un texte.

Cet après-midi, Amine, Lola et Kali
se promènent en forêt, avec une guide.
Ils ont mis des vêtements chauds,
une écharpe et des gants.
Gaëlle, la guide, donne le nom
des arbres : des sapins, des chênes et
des hêtres. Elle a aussi vu des empreintes
de lièvre ; elle est la première pour repérer
les animaux car elle est attentive et discrète.
Kali, lui, ne pense qu'aux crêpes
pour le gouter ! Quel gourmand !

ai	une maison	ei	une reine	et	un bouquet
ai	une maison	ei	une reine	et	un bouquet

Je lis des syllabes.

pei • nei • rei • sei • trei • plei • chai • lai • cai • rai
gai • crai • frai • let • net • ret • quet • cret • chet

Je lis des mots.

du lait • la maison • une semaine • des fraises • une dizaine
la baleine • la reine • la Seine • pleine • seize • tu freines
des jouets • un bonnet • le robinet • un filet • violet • muet

la chaise • la peine • un balai • des objets • des craies • gai
treize • complet • jamais • aider • il fait • je vais • j'aime

EDL elle connaissait • tu jouais • ils s'aimaient

Je lis un texte.

Coucou papa et maman,
Je vais bien. Le séjour me plait beaucoup.
Nous avons fait une randonnée. Notre guide connaissait
la forêt parfaitement. On a même vu un aigle !
Après, nous avons gouté au chalet, un bon bol de lait
et un petit paquet de biscuits.
Demain, nous pourrons surement faire du ski !
Je vous raconterai la semaine prochaine ! Bisous.

Amine qui vous aime ♡ ♡

ph *ph*

un éléphant
un éléphant

Je lis des syllabes.

pho • phe • pha • phi • phy • phé • phè • phin • pher

Je lis des mots.

des photos • la phrase • une strophe • une catastrophe
l'alphabet • un orphelin • un phare • un phoque • un typhon
le pharaon • l'orthographe • un paragraphe • une photocopie
Joseph • phénoménal • catastrophique • triompher

EDL un téléphone • téléphoner • il téléphone • ils téléphonent

Je lis un texte.

Mots outils
être - cet - **leur**

Lola, Amine et Kali montent en haut des pistes en téléphérique. La vue est fantastique ! Lola prend des photos pour rapporter de beaux souvenirs. Arrivés sur la piste, les amis suivent **leur** cours de ski. Mais Kali n'est pas très à l'aise. C'est même une catastrophe : il est souple comme un éléphant ! En tournant, il fait une chute phénoménale ! Amine et Lola sont affolés mais Kali se relève sans mal. Ouf !

eu une fleur · un pneu **œu** un cœur · un nœud

eu *une fleur* *un pneu* *œu* *un cœur* *un nœud*

Je lis des syllabes.

peu • feu • reu • veu • cheu • deu • heu • beu • jeu
creu • pleu • seur • teur • nœu • bœu • cœu • vœu

Je lis des mots.

jeudi • un feu • un creux • des pneus • mon neveu • bleu
amoureux • heureux • creuser • il pleut • elle peut • tu veux
un nœud • le cœur • ta sœur • un bœuf • une œuvre
le docteur • l'heure • la peur • les couleurs • seul • il pleure
c'est neuf • un nœud un œuf • des œufs

EDL un cheveu ▸ des cheveux un vœu ▸ des vœux

Je lis un texte.

Jeudi, le temps est trop mauvais
pour faire du ski. Alors la classe
se rend chez un agriculteur.
D'abord, il leur fait visiter l'étable :
il leur montre les vaches et les bœufs.
Il leur dit comment il fabrique
le beurre à partir du lait.
Enfin, il leur propose de monter
sur son gros tracteur bleu.
Il réalise le vœu de Kali qui est le
plus heureux en conducteur de tracteur !

en / -ent

des enfants courent

des enfants courent

Je lis des mots.

le vent • une dent • les parents • un moment • un sentiment
des aliments • lent • absent • violent • présent • différent
souvent • autrement • gaiment • lentement • rapidement
elles pensent • ils vendent • elles rendent • ils attendent

Je lis des phrases.

Il se marie.	Ils se marient.
Un vélo roule.	Des vélos roulent.
Le roi avait un château.	Les rois avaient un château.
Une fleur avait poussé.	Des fleurs avaient poussé.

Ils avancent lentement et entendent le vent qui souffle.

Je lis un texte.

Mais que font…

- les fleuristes ? Elles vendent simplement de jolis bouquets de fleurs.
- les acteurs ? Ils jouent souvent des rôles très différents.
- les pêcheurs ? Ils attrapent aisément des sardines, dans le vent.
- les maitres ? Ils écrivent gaiment sur le tableau blanc.
- les parents ? Ils aiment tendrement leur enfant…

oi *oi*

une oie

une oie

Je lis des syllabes.

toi • foi • moi • soi • loi • voi • quoi • choi • poi • coi
doi • roi • joi • noi • boi • voir • loir • toir • roir • noir
bloi • proi • croi • froi • ploi • broi • troi • droi • cloi

Je lis des mots.

les toits • des rois • mes choix • le mois • ce soir • la soie
la joie • les lois • mes doigts • la voix • l'armoire en bois
le trottoir • trois poires • l'histoire • l'étoile • des petits pois
des poissons • une voiture • des mouchoirs • quoi
soi • toi • moi • droit • froid • noir • il était une fois
pouvoir • vouloir • voir • savoir • croire • choisir • boire

Je lis un texte.

Amine s'écrie devant son miroir :
« C'est moi le roi ! Le roi Éloi.
Je dicte ma loi.
Tout le monde se plie devant moi.
J'ai TOUS les pouvoirs.
Je possède trois voitures
et une panthère noire. »
« Quoi ? Toi, le roi Éloi ?
Plutôt le roi des petits pois, oui ! »
s'amuse Lola.

oin *oin*

un poing
un poing

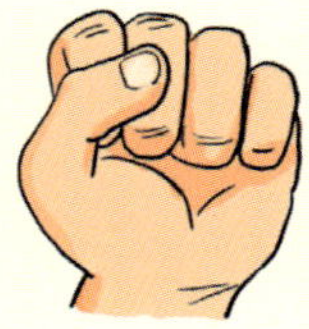

Je lis des syllabes.

moin • loin • coin • soin • foin • join • poin • groin

Je lis des mots.

des soins • du foin • le besoin • un témoin • un recoin
des rondpoints • loin • lointain • moins • néanmoins
pointer • joindre • rejoindre • il joint • tu ne rejoins pas
le coin • un coing un point • le poing

EDL pointer • pointue • la pointe • une pointure

Je lis un texte.

« Où as-tu trouvé ta cape et ta couronne, grand roi Éloi ? » demande Lola.
Amine pointe du doigt une malle poussiéreuse : « Dans cette malle qu'on a retrouvée à la cave, il y avait au moins vingt costumes ! »
Dans ce trésor, Lola trouve un sari. C'est un vêtement qui se porte en Inde. Elle met aussi des sandales mais ce n'est pas la bonne pointure.
Et que fait Kali ? Il enfile avec soin une tenue de pirate !

Révision

Je relis les mots outils
cet - leur

► Je lis rapidement des syllabes.

vê • pho • bœu • vei • quet • loi • loin • beu • mai • fê
rê • phin • cœu • frè • coin • let • sai • troi • trei • peu

► Je lis des mots proches.

mois • moins	treize • seize	foi • voix
cœur • sœur	laine • laide	poisson • boisson
peine • pleine	pleur • fleur	neuf • bœuf
phrase • phare	tête • fête	Noël • Noé
coin • soin	feu • vœu	fait • lait

► Je lis des phrases sans erreur.

- Souvent, les dents des enfants tombent vers six ans.
- En ce moment, les chats dorment calmement.

► Je lis un texte.

Comme la baleine, l'éléphant est un des plus grands mammifères. Il vit en troupeau, en Afrique et en Asie.
Il se nourrit de plantes, de fruits et de bois. Il pèse entre 4 et 7 tonnes (1 tonne = mille kilos).
Son poids l'empêche de courir ou de sauter.

Le savais-tu ?

L'éléphant utilise sa trompe pour se laver : il aspire l'eau et s'arrose avec soin. Avec sa trompe, il peut aussi sentir, prendre des objets ou faire des câlins !

c ‹ e / i, y

des cerises

des cerises

Je lis des syllabes.

ce • cé • ci • cè • cer • cen • cin • ceau • ceur • cein

Je lis des mots.

une source • l'enfance • le lycée • un citron • un morceau
décembre • un farceur • le médecin • la ceinture • l'ancêtre
Cyril • Cécile • la France • le petit Poucet • cinq • cent
agacé • douce • adouci • facile • voici • ceux
glacer • nous ne cédons pas • tu te balances • ils grimacent

EDL tracer ▸ tu traces commencer ▸ tu commences

Je lis un texte.

C'est dimanche ! Papi emmène Lola et ses amis au cinéma.
Kali veut voir *Cyber-robots III* :
« Dans la bande-annonce, il y a des centaines de robots qui veulent sauver le monde », précise-t-il.
Amine préfèrerait voir le dessin animé du Petit Poucet.
Lola, elle, montre l'affiche du documentaire sur les océans.
Finalement tout le monde est d'accord avec Lola :
« Ce sera quatre places pour *Océan*. »

ç → a, o, u

un garçon

un garçon

Je lis des syllabes.

ça • ço • çu • çui • çoi • çan • çai • çon • çal • çar

Je lis des mots.

la façade • un caleçon • un remplaçant • une balançoire
un maçon • des façons • un hameçon • une tronçonneuse
les leçons • des glaçons • un reçu • François • les Français
en traçant • tu as conçu • il n'a pas reçu • elle est déçue

EDL tracer ▸ nous traçons commencer ▸ nous commençons

Je lis un texte.

En sortant du cinéma, papi demande :
« Ça vous a plu ?
– Oh oui ! » répondent Amine et Lola.
Comme le garçon dans le film,
ils veulent sauver les océans !
Kali, lui, est un peu déçu :
il y a beaucoup de poissons
et pas assez de koalas dans ce film !
Alors, Papi propose d'aller au parc.
Après avoir couru, joué et fait de
la balançoire, les enfants sont assoiffés :
ils boivent une grenadine avec PLEIN
de glaçons pour se rafraichir !

g < e, i, y

un plongeur

un plongeur

Je lis des syllabes.

ge • gé • gi • gè • gy • gê • ger • géo • gio • gia
gez • gen • gin • gei • gein • get • gil • gir • gyp

Je lis des mots.

le genou • le garage • l'image • des nuages • les pages
la girafe • la magie • un rongeur • des nageurs • les gens
une gendarme • le gymnase • rouge • magique • étrange
rougir • gêner • partager • nager • agir • ronger
elle a plongé • tu as mangé • il n'a pas neigé • j'ai rougi

Je lis un texte.

Ce matin, Amine et son papa sont dans le jardin : ils commencent le potager. Lola les rejoint :
« Je peux vous aider ?
J'adore le jardinage !
– Génial ! répond Amine.
Peux-tu prendre les graines qui sont rangées sur l'étagère, dans le garage ? »
Ils creusent des trous et y déposent les graines de courges, de carottes et de radis.
Kali, lui, n'est pas très sage : il fait de la gymnastique entre les semis !

g → e → a / o / u

un plongeoir

un plongeoir

Je lis des syllabes.

gea • geo • geon • gean • geau • geoi • geai • geoir

Je lis des mots.

la vengeance • un geai • des démangeaisons • un cageot
un bourgeon • les pigeons • un plongeon • la mangeoire
une pataugeoire • les villageois • un pigeonneau • dérangeant
encourageant • en changeant • en plongeant • bourgeonner

EDL je mange ▸ nous mangeons il range ▸ nous rangeons

Je lis un texte.

L'après-midi de jardinage touche à sa fin,
les enfants sont très contents de leur potager.
« On pourra manger ces légumes
bientôt ? demande Kali.
– Cet été, répond le papa d'Amine.
Nous les ramasserons et nous
planterons d'autres graines pour avoir
une autre récolte. » Pour finir, Amine
installe une mangeoire pour les oiseaux.
« C'est pour les pigeons ?
questionne Kali.
– C'est pour tous les oiseaux ! »
répond Lola en versant les graines.

gn *gn*

un champignon

un champignon

Je lis des syllabes.

gne • gna • gné • gni • gno • gner • gnoi • gneu
gnon • gneau • gnan • gnal • gnar • gnet • gneur

Je lis des mots.

la ligne • un peigne • un cygne • des lasagnes • la montagne
la campagne • une araignée • le seigneur • le poignet
la poignée • une baignoire • un peignoir • la Bretagne
des agneaux mignons • une campagne éloignée • ignorant
grogner • soigner • se baigner • je gagne • tu soulignes

EDL Lieux : campagne, montagne, ville

Je lis un texte.

Pendant des semaines, les amis ont soigné leurs plants. Ils ont arrosé, bêché, éloigné les limaces…
Aujourd'hui, c'est la première récolte de légumes. Kali, Amine et Lola trépignent de joie.
Lola ramasse les carottes et Amine de grosses poignées de radis.
« La récolte est magnifique ! se réjouit Lola. Et toi, Kali, qu'as-tu ramassé ?
– Un radis et une belle araignée ! » répond Kali, amusé.

Révision

Je lis rapidement des syllabes.

ci • gé • çon • gea • cy • gne • çu • gi • cè • gneau
geo • gnon • çai • geoi • cet • çoir • cein • gez • gin

Je lis des mots proches.

orange • grange	déçu • reçu	trace • farce
rougeur • rongeur	ligne • vigne	glaçon • garçon
géant • gênant	baigner • baigneur	cinq • cent
signe • signer	engin • angine	traçons • traçant

Je lis un texte.

Aujourd'hui, nous allons à la piscine avec le centre de loisirs. Pour commencer, on prend le car avec les accompagnateurs. Puis, une fois arrivés, il faut se changer et mettre son bonnet de bain.

Avant d'entrer dans le bassin, l'animatrice donne les consignes : « Se doucher et surtout ne pas courir. »

Certains veulent aller dans la pataugeoire, d'autres préfèrent sauter du plongeoir, et les plus grands nagent déjà dans le grand bassin.

Dehors, il y a même des jeux et une balançoire. Les enfants s'amusent : « C'est génial ! On se croirait en vacances ! »

ette / elle / esse erre / enne

une sucette

une sucette

Je lis des mots.

la maitresse • des tresses • la princesse • tresser • presser
la chouette • une trompette • ses lunettes • vous mettez
la pelle • une marelle • Maelle • belle • elle s'appelle
un verre • la Terre • le renne • une antenne • la benne

le tonnerre • les poubelles • des lettres • ma bicyclette
l'ennemi • la pierre • réelle • je me presse • il regrette

Je lis et j'observe.

une tarte ▸ une tartelette

une flèche ▸ une fléchette

une maison ▸ une maisonnette

une poule ▸ une poulette

Je lis un texte.

C'est les vacances !
Amine, Lola et Kali vont à la fête
foraine avec les parents de Lola.
Les enfants sont pressés d'arriver !
« On commence par un petit jeu d'adresse :
qui sera le plus fort aux fléchettes ? »
Après quelques tirs, Lola remporte sa partie
et choisit une belle casquette.
Amine gagne un serpent à lunettes
et Kali une trompette !
C'est vraiment chouette !

el / er / ec / es / ef

un ver

un ver

Je lis des mots.

du sel • du caramel • un rappel • le gel • Rachel • réel
l'échec • le bec • la mer • amer • vert • hier • le chef

du fer • un tunnel • naturel • bel • cher • actuel • avec

l'espoir • l'escargot • la veste • des gestes • nous espérons
mercredi • l'anniversaire • la ferme • perdre • vous fermez
la lecture • un rectangle • l'insecte • efficace • ils effacent

sept

Je lis rapidement.

des hôtels chers • un bel escargot • quel hiver sec
des reptiles terribles • un superbe merle • l'herbe verte

Je lis un texte.

« Maintenant, on va au train fantôme ! s'écrie Amine.
– C'est quoi ? demande Kali.
– Tu verras ! » répond Lola avec malice.
Quand le train démarre, Kali s'agrippe à Lola. Ils entrent dans un tunnel et des personnages horribles apparaissent dans le décor. Il y a même un corbeau avec un énorme bec qui s'envole au-dessus de leur tête en poussant un cri sec. Kali sursaute ; il n'est pas fier ! Quel effroi !

ion / ier / ien
ian / ieu

un lion

un lion

Je lis des mots.

un camion • l'avion • un champion • un pion • nous plions
l'écolier • un panier • le pommier • janvier • trier • copier
un musicien • le chien • combien • je ne tiens pas • tu retiens
un triangle • des friandises • la viande • souriant • riant
sérieux • vieux • capricieux • curieux • délicieux • mieux

les révisions • l'ambiance • des magiciens • un pâtissier
l'occasion • février • ancien • bientôt • oublier • vous sciez

Je lis et j'observe.

un Indien ▸ une Indienne
l'infirmier ▸ l'infirmière
silencieux ▸ silencieuse
un champion ▸ une championne

Je lis un texte.

Dans un joli manège, Kali monte
dans le camion de pompier.
Il sonne la cloche avec entrain !
Lola s'installe dans un avion qui monte
et qui descend quand elle appuie
sur un bouton. Amine choisit le panier
d'une montgolfière qui tourne, qui tourne…
En sortant de ce manège, les trois amis
ont bien envie d'une friandise :
une pomme d'amour, une barbe à papa,
une glace ou des chichis ?
Le choix est bien difficile !

ti si

une addition

une addition

$3 + 4 = 7$

Je lis des mots.

l'invention • les émotions • mes initiales • des acrobaties
la récréation • une punition • la patience • les solutions
un dictionnaire • l'invitation • des martiens • la natation
la soustraction • une opération • une potion • égyptien
essentiel • prétentieux • patient • impatient • spatial
minutieux • initial • attention • stationner • tu patientes

Je lis et j'observe.

une collection ▸ collectionner
une addition ▸ additionner
une action ▸ actionner
une question ▸ questionner

Je lis un texte.

Assez d'émotions et de sensations fortes pour le moment !
Les enfants prennent la direction des trampolines.
Mais la file d'attente est longue.
« Un peu de patience, dit papa, c'est bientôt votre tour ! »
Ça y est : les trois amis sont partis pour sauter, rebondir, faire des pirouettes…
Kali est le champion des acrobaties !

oy / ay / uy

un crayon

un crayon

Je lis des mots.

des noyaux • les voyelles • Royan • joyeux • nettoyer
des rayures • effrayant • payer • balayer • nous essayons
un tuyau • du gruyère • bruyant • ennuyeux • s'ennuyer
un yoyo • le yoga • le yéti • le yaourt • Yasmine • youpi

un rayon • des yeux • un voyage • un royaume • moyen
effrayé • incroyable • aboyer • nous essuyons • appuyez

un pays • le paysage

Je lis et j'observe.

j'appuie ▸ nous appuyons
tu nettoies ▸ vous nettoyez

je paie ▸ nous payons
tu essaies ▸ vous essayez

Je lis un texte.

Les enfants et Kali veulent aller au stand de pêche à la ligne.
« Vous pouvez gagner des cadeaux incroyables, dit la personne qui tient le stand.
– Vous croyez que je peux y arriver ? demande Kali.
– Tu peux essayer… » propose Amine.
Tour à tour, ils gagnent une toupie lumineuse, un arc avec des flèches, un yoyo magique. Tout joyeux, les enfants repartent avec des étoiles dans les yeux.

ill

des billes

des billes

Je lis des mots.

la fille • tes billes • la chenille • la vanille • ces gorilles
la famille • la coquille • la grille • la cheville • des billets
des pastilles • des lentilles • ses béquilles • un papillon
des coquillages • du maquillage • un grillage • Camille
brillant • gentille • sautiller • il brille • elles s'habillent

une ville • Lille • mille

Je remets les mots dans l'ordre pour former des phrases.

l'eau | transparente. | Les coquillages | dans | brillent

se transforme | en | La chenille | papillon. | joli

Je lis un texte.

Avant de quitter la fête foraine,
Amine, Kali, Lola et ses parents passent
devant un stand de maquillage.
« Oh ! On aimerait tellement se faire
maquiller ! S'il te plait, maman ! »
supplie Lola en sautillant.
La maman de Lola accepte : elle est gentille !
Camille, la maquilleuse, a une jolie palette
de couleurs, dont certaines brillent.
Dans son livre, il y a plein de modèles.
Amine choisit d'être maquillé en lion,
Lola préfère le chat et Kali devient un papillon.

Révision

▶ Je lis une devinette et je trouve la réponse.

- Je suis un oiseau nocturne :
  les coquillages • la chouette • un bec
- Elles servent à faire des colliers :
  des rayures • des lieux • des perles
- Il y en a 6 dans l'alphabet :
  les initiales • les voyelles • la Terre
- Lorsqu'elle éprouve de la joie, elle est :
  patiente • gentille • joyeuse
- C'est comme partir en vacances :
  oublier • voyager • perdre

▶ Je lis des mots rapidement.

mille • les yeux • un pays • une bille • le lion • la liane
un métier • un martien • la sortie • elle tient • il patiente

▶ Je lis un texte.

Pour réussir la construction d'un tipi incroyable :

- Choisis bien le lieu : mieux vaut un terrain plat.
- Trouve une dizaine de branches très solides.
- Attache-les ensemble, par le haut, avec une grosse ficelle. Puis écarte-les pour obtenir l'espace souhaité au sol.
- Il est possible de creuser avec une pelle pour les enfoncer dans la terre.
- Réalise un quadrillage avec des brindilles plus fines.
- Recouvre l'ensemble avec du lierre pour rester au sec et te protéger des insectes.

ail / eil / euil / ouil

le soleil

le soleil

Je lis des mots.

de l'ail • des rails • le portail • l'épouvantail • les détails
son réveil • des conseils • le sommeil • l'appareil • vieillir
le fauteuil • un chevreuil • l'écureuil • le seuil • du fenouil

l'orteil • du bétail • le travail • du cerfeuil • pareil • l'émail

l'accueil • cueillir • un recueil • l'œil

Je lis et j'observe.

un corail ‣ des coraux   un travail ‣ des travaux
un détail ‣ des détails   un portail ‣ des portails

Je lis un texte.

Lola, Amine et Kali sont partis camper
quelques jours à la campagne,
avec les parents d'Amine.
À son réveil, ziiip ! Lola ouvre la tente et
admire le paysage : le soleil se lève derrière
les arbres et un écureuil est déjà au travail.
Amine ouvre un œil et il s'assoit.
Comme son amie, il observe la nature face à lui.
Lola le regarde en coin et sourit :
« Tu es coiffé comme un vieil épouvantail ! »
Amine éclate de rire !
Ça y est : la journée commence !

aille / eille euille / ouille

une grenouille

une grenouille

Je lis des mots.

la paille • sa médaille • les cailloux • ailleurs • tu travailles
l'oreille • la bouteille • une corbeille • meilleur • réveiller
les feuilles • un portefeuille • un millefeuille • il effeuille
une citrouille • le brouillard • bouilli • ils ne sont pas mouillés

le chèvrefeuille • un maillot • des écailles • les merveilles
émerveillé • ensoleillé • tailler • chatouiller • je bâille

Je remets les mots dans l'ordre pour former des phrases.

sur | La grenouille | les cailloux. | saute | verte

sont | brillantes | merveilleuses. | Ces écailles

Je lis un texte.

Lors d'une promenade, Lola fait une belle trouvaille : un papillon qui sort de son cocon. Avec sa loupe, elle regarde tous les détails. Amine, lui, observe une abeille qui travaille.
« Elle récolte du pollen pour faire du miel, explique sa maman. Si ça vous intéresse, nous irons voir les ruches d'un apiculteur. »
Les enfants sont ravis.
« Mais où est Kali ? demande papa.
– Il mange des groseilles ! répond Lola.
– La nature est merveilleuse ! » bafouille Kali, la bouche pleine.

un / um / yn / ym

trente-et-un

trente-et-un

31

Je lis des mots.

lundi • la jungle • brun • commun • opportun
chacun • quelqu'un • à jeun • du parfum • humble
des cymbales • un tympan • du thym • sympathique

des embruns • du mesclun • des symptômes • des lynx

un album

Je lis et j'enrichis mon vocabulaire.

- Le mesclun est un mélange de salades.
- Un symptôme est le signe d'une maladie.

Je lis un texte.

Comme prévu, la petite famille se rend chez un apiculteur. Son métier n'est pas commun : il doit installer ses ruches, en prendre soin et récolter le miel.
Il est humble et très sympathique.
Il leur montre comment les abeilles butinent et ramènent le pollen sur leurs pattes arrière. Il leur propose même d'aller les voir dans les ruches.
Mais avant cela, chacun doit mettre une combinaison spéciale pour se protéger des piqures. Quelqu'un s'est faufilé dans la combinaison d'Amine…
C'est Kali évidemment !

X x 𝒳 𝓍

un taxi  un xylophone 

un taxi un xylophone

Je lis des mots.

x ks

la boxe
un texte
le klaxon
un saxophone
ses exploits
excitant
s'excuser
expliquer

x gz

l'exemple
l'exercice
exactement
exister

x s

dix
six

x z

sixième
dix-huit

x muet

deux
la voix
un choix
les prix

Je lis rapidement.

l'index • dix-neuf • soixante • deuxième • fixe • la paix
un réflexe • des examens • des excuses • faux • exagérer

Je lis un texte.

« On ressemble à un extraterrestre dans cette drôle de combinaison ! s'amuse Kali.
– Exactement ! Venez, je vais vous montrer la galaxie des abeilles », répond l'apiculteur en riant.
Il ouvre une ruche et explique comment y vivent les abeilles. Quelle expérience extraordinaire !
Pour finir la visite, l'apiculteur leur fait gouter des miels aux parfums différents : lavande, bruyère, sapin… En expert, Kali les goute tous !

W w W w

un kiwi
un kiwi

Je lis des mots.

w (wa)	w (wè)	w (wi)
un wapiti	des westerns	le wifi
l'awalé	le web	un sandwich
le waterpolo	une webcam	le weekend
	un tramway	William
w (ou)	le Far West	Wilfrid
un clown		

Je lis et j'enrichis mon vocabulaire.

(v) un wagon

- L'awalé est un jeu de société africain.
- Le Far West est une région à l'ouest des États-Unis.

Je lis un texte.

Ça y est : c'est le weekend du retour !
En démontant la tente, Amine s'imagine être un Indien du Far West, chassé par la célèbre Lolamity Jane et le cowboy Buffalo Kali.
« C'est un vrai scénario de western ! » s'exclament les parents d'Amine qui préparent les sandwichs. Une fois le piquenique prêt et les valises rangées dans le coffre de la voiture, maman s'exclame :
« Allez, les petits clowns ! Prenez place à bord de votre wagon première classe !
– En route pour la conquête de l'Ouest ! » dit papa en riant.

Révision

Je lis une devinette et je trouve la réponse.

- Je fais rire les enfants : le parfum • le clown • un orteil
- Elles recouvrent la peau des poissons :
  des cailloux • des excuses • des écailles
- C'est le nom d'une couleur : brun • chacun • un kiwi

Je lis attentivement.

un album • un wagon • dix-neuf • l'œil • l'accueil • six
faux • deuxième • cueillir • le tramway • l'index • le web

Je lis un texte.

Ce matin, William se réveille en sursaut.
Aujourd'hui, il a une compétition de waterpolo.
C'est un sport exigeant car il faut jouer au ballon tout en nageant. Il prépare ses affaires : un maillot de bain, une serviette, ses lunettes de piscine, une bouteille et un sandwich.

Avant le match, les joueurs s'exercent au lancer de ballon.
Le match commence. William a la balle, il s'élance, les défenseurs forment une véritable muraille, mais il tire et marque. Quel bon geste !
Même si l'équipe adverse est performante, son équipe marque un deuxième, un troisième et bientôt un sixième but ! L'arbitre siffle.

Waouh ! Ils ont gagné ! Plus tard, ils reçoivent leur médaille, avec beaucoup d'émotion.
C'est sûr, William ira aux jeux Olympiques !

N° de projet : 10299960 - Dépôt légal : février 2019. Achevé d'imprimer en mars 2024, en Espagne, sur les presses de Gráficas Estella.